Einsterns Schwester

4

Themenheft 1
Sprachgebrauch und Sprache
untersuchen und reflektieren

Herausgegeben von
Roland Bauer, Jutta Maurach

Erarbeitet von
Annette Schumpp, Jutta Sorg

Cornelsen

Inhaltsverzeichnis

So kannst du mit den Heften arbeiten

Du machst alle Seiten der Lernportion 1.

Zuerst im grünen Heft.

Dann im roten Heft.

Dann im gelben Heft.

Und dann im blauen Heft.

Danach machst du in allen Heften die Lernportion 2.

Nun machst du in allen Heften die Lernportion 3.

Genauso bearbeitest du alle anderen Lernportionen.

1 Nomen ordnen

1 Nomen sind Wörter für Lebewesen und Dinge.
Außerdem gibt es **abstrakte Nomen**. Das sind z. B. Nomen für Gefühle (der Schreck), Vorgänge (die Fahrt) und Zustände (der Frieden).

2 Erstellt ein Plakat. Ordnet die Nomen richtig in die Spalten ein.

3 Sammelt weitere Nomen und ergänzt eure Tabelle.

1 Nomen bestimmen

1 Unterstreiche in der E-Mail mindestens 20 Nomen.

Gruß aus dem Schwarzwald

Anhang Senden

An: family.sommer@inselcamping.de

Betreff: Gruß aus dem Schwarzwald

Liebe Jana, lieber Marc,

aus meinen Ferien schicke ich euch mit dieser E-Mail Fotos und viele Grüße. Ich bin in einem Feriencamp im Schwarzwald und habe hier riesigen Spaß. Zum Glück habe ich schon einige Freunde gefunden.

Jeden Tag erleben wir ein neues Abenteuer und es kommt keine Langeweile auf. Mit dem Wetter haben wir etwas Pech, weil es immer wieder regnet, aber die gute Laune verdirbt mir das nicht. Ich hätte Lust, noch längere Zeit hierzubleiben.

Gestern waren alle Kinder mit den Paddelbooten unterwegs und ich habe in voller Fahrt einen Felsen gerammt. Das war ein Schreck!

Euch noch einen schönen Urlaub!

Bis bald!

Euer Jonas

2 Ordne die Nomen, die du auf Seite 6 gefunden hast, passend ein.
Notiere auch den Artikel.

Lebewesen

die Jana,

Dinge

abstrakte Nomen

3 Ergänze in 2 weitere Nomen zum Thema Ferien.

1 Nomen in verschiedenen Sprachen sammeln

1 Findet heraus, welche Sprachen in eurer Klasse gesprochen werden.

2 Schreibt Nomen in verschiedenen Sprachen auf Wortkarten.

a) Sammelt die Nomen und hängt sie aus.

b) Findet Gemeinsamkeiten und Unterschiede der verschiedenen Sprachen.

c) Ergänzt eure internationale Nomensammlung im Laufe des Schuljahres.

3

1 Nomen an Wortbausteinen erkennen

1 Wörter mit den Wortbausteinen **-ung**, **-heit**, **-keit** und **-nis** sind Nomen. Ich schreibe sie groß. Sie lassen sich aus Verben und Adjektiven bilden:
wandern – die Wander**ung**, dunkel – die Dunkel**heit**,
übel – die Übel**keit**, wild – die Wild**nis**.

2 Unterstreiche in den Sprechblasen die Nomen mit den Wortbausteinen. Schreibe sie mit dem passenden Verb oder Adjektiv auf.

die Entdeckung –

1 Nomen mit Wortbausteinen bilden

1 Bilde Nomen und ordne sie nach ihren Wortbausteinen.

heit **keit** **nis** **ung**

freundlich | wagen | schön | lösen | rechnen | fröhlich

gesund | geheim | wahr | hindern

übel | besprechen | krank | kennen | heiter | trennen

heit

keit

die

nis

ung

2 Ergänze in 1 jeweils ein weiteres passendes Nomen.

1 Über die Mehrzahl von Nomen nachdenken

1 Bildet zu den Nomen die Mehrzahl. Sprecht darüber, was sich in der Mehrzahl verändert.

der Fleck | das Schloss | das Zebra | das Rätsel | der Zwerg | das Obst

2

3 Bilde die Mehrzahl zu den Nomen aus 2. Ordne sie nach ihren Endungen und schreibe sie in der Einzahl und Mehrzahl auf. Markiere, was sich in der Mehrzahl verändert.

Heft 1, S. 11 ③
n: die Eidechse – die Eidechsen,
...

1 Pronomen verwenden

Ich, du, er, sie, es, wir, ihr, sie sind Pronomen und können Nomen ersetzen. Aber auch **mir, mich, dir, dich, sich, ihm, ihn, ihr, uns, euch, ihnen** sind Pronomen.

1 Entscheide, welche Pronomen passen, und setze sie ein.

Hallo, ich ______ fühle mich allein. Wer will mit ______ spielen?

Ich wollte ______ fragen, ob ______ heute Zeit hast.

Tim will sich eine neue Hose kaufen, aber keine gefällt ______.

Lisas Freundin hat ______ einen Kinogutschein geschenkt und begleitet ______ ins Kino.

Wir waren gestern im Wald. Dort haben ______ ______ eine Hütte gebaut.

Hallo, ______ beiden! Möchtet ______ mir beim Backen helfen?

Die fünf Freunde übernachten im Zelt. Hoffentlich haben ______ alles dabei.

Ihre Eltern haben ______ Proviant eingepackt.

2 Überlege dir zu dem Kuscheltier aus 1 eigene Sätze und schreibe sie auf. Achte auf die passenden Pronomen und unterstreiche sie.

Heft 1, S. 12 ②
...

→ AH Seite 5

1 Die vier Fälle des Nomens kennenlernen

1 Das Nomen kann im Satz **in vier Fällen** stehen:
1. **Wer-Fall** (Nominativ): **Der Wind** treibt Windräder an.
2. **Wessen-Fall** (Genitiv): Beim Surfen spürt man die Kraft **des Windes**.
3. **Wem-Fall** (Dativ): Segler vertrauen **dem Wind**.
4. **Wen-Fall** (Akkusativ): Manchmal mögen Radfahrer **den Wind** nicht.

Das Nomen und sein Artikel können sich verändern.

2 Lies die kleinen Texte und setze die Nomen im passenden Fall ein.

| die Sonne | der Sonne | der Sonne | die Sonne |

Die ______ schenkt Wärme und Licht.

Die Kraft ______ ist unermesslich groß.

Man sollte seine Haut nicht zu lange ______ aussetzen.

Acht Planeten umkreisen ______ .

| dem Regen | des Regens | den Regen | der Regen |

______ läuft am Fenster herab.

Bei Beginn ______ spannen alle ihre Regenschirme auf.

An eine Kanutour ist bei ______ nicht zu denken.

Ohne ______ wären die Blumen vertrocknet.

3 Suche dir einen Text aus 2 aus und schreibe ihn vollständig in dein Heft. Unterstreiche die eingesetzten Nomen mit ihrem Artikel.

Heft 1, S. 13 ③ ☐↓☐↑
Die Sonne schenkt Wärme und Licht.
...

1 Die vier Fälle des Nomens erfragen

1 Lies die Sätze und die Fragen. Unterstreiche im Satz immer das Nomen mit seinem Artikel, das als Antwort genau passt.

Die Fragen
Wer oder was? Wessen? Wem? Wen oder was?
helfen, den passenden Fall eines Nomens zu bestimmen.

Im Winter versteckt der Schnee die Landschaft unter einer weißen Decke.
Das Gewicht des Schnees kann Äste brechen lassen.
Beim Wintereinbruch fühlen sich viele Autofahrer dem Schnee ausgeliefert.
Kinder lieben den Schnee.

Wer oder was versteckt die Landschaft unter einer weißen Decke?
Wessen Gewicht kann Äste brechen lassen?
Wem sind die Autofahrer ausgeliefert?
Wen oder was lieben die Kinder?

2 Schreibe Fragesätze zu den unterstrichenen Nomen in den vier Fällen. Bestimme den Fall.

Die ständige Beobachtung des Wetters ist wichtig.

Wessen Beobachtung ist wichtig?
= Wessen-Fall, Genitiv, 2. Fall

In den Bergen verändert sich das Wetter oft.

Wer oder was verändert sich oft (in den Bergen)?
= Wer oder was - Fall, Nominativ, 1. Fall

Bergsteiger müssen dem Wetter große Beachtung schenken.

Wem müssen Bergsteiger große Beachtung schenken?
= Wem-Fall, Dativ, 3. Fall

Die Meteorologen sagen das Wetter vorher.

Wen oder was sagen die Meteorologen vorher?
= Wen oder was - Fall, Akkusativ, 4. Fall

→ AH Seite 6

1 Die vier Fälle des Nomens verwenden

1 Lest den Text und setzt die Nomen mit Artikel im passenden Fall ein. Bestimmt den Fall.

Selvet und Niklas stellen der Klasse (3) ein Buch über das Wetter vor.
(die Klasse)

Zusammen haben sie __________ (__) vorbereitet.
(das Plakat)

Zuerst begrüßen sie __________ (__).
(die Klasse)

Sie sprechen über den Inhalt __________ (__)
(das Buch)

und erklären __________ (__) auf dem Plakat.
(der Text)

Zum Schluss lesen sie __________ (__) vor, der ihnen am besten gefällt.
(der Abschnitt)

Alle Kinder __________ (__) loben __________ (__).
(die Klasse) (der Vortrag)

Selvet und Niklas sind glücklich.

2 Lest den englischen Text und vergleicht ihn mit eurem Text in **1**.
Achtet besonders auf die unterstrichenen Nomen in beiden Texten.

Selvet and Niklas present a book about the weather <u>to the class</u>.
Together they prepared <u>the poster</u>.
First they welcome <u>the class</u>.
They talk about the content <u>of the book</u> and explain <u>the text</u> on the poster.
Finally they read <u>the part</u>, they like best.
All the children <u>of the class</u> like <u>the presentation</u>.
Selvet and Niklas are happy.

3

1 Über das eigene Lernen nachdenken

Am Ende einer Lernportion ist es sinnvoll, dass du dir Gedanken zu deinem Lernen machst. Dazu findest du in den nächsten Lernportionen weitere Ideen und Anregungen.
Wenn du in allen vier Heften die Lernportion 1 bearbeitet hast, wird deine erste Lernraupe vollständig sein.
Mit der Zeit entstehen mehrere Lernraupen.

1 Betrachte mit einem Partnerkind die abgebildete Lernraupe.

a) Findet heraus, was in der Raupe, den Wolken und den Blättern aufgeschrieben wird.

b) Besprecht, wie dieses Kind seinen Lernerfolg einschätzt. Begründet eure Meinung.

2 Beginne deine Lernraupe auf einer Doppelseite. Wähle mindestens zwei Raupenglieder für deine Lernraupe aus.

1 Über das eigene Lernen nachdenken

Gedanken zu meinem Lernen

2 Verben erkennen und Personalformen bilden

1 Verben gibt es in der **Grundform** und in den **Personalformen**.
Die **Personalformen** haben bestimmte **Bezeichnungen**.

Grundform: fahren

1. Person Einzahl:	ich fahre Fahrrad	Personalformen
2. Person Einzahl:	du fährst Fahrrad	
3. Person Einzahl:	er, sie, es fährt Fahrrad	
1. Person Mehrzahl:	wir fahren Fahrrad	
2. Person Mehrzahl:	ihr fahrt Fahrrad	
3. Person Mehrzahl:	sie fahren Fahrrad	

2 Unterstreiche die elf Verben im Text. ☐ ↓ ☐ ↑

Ein Ritterturnier mit dem Fahrrad

Ihr plant das Ritterturnier.
Alle erfinden gute Turnierstationen, zum Beispiel
Slalom, Zielwurf, Gepäcktransport, Ballonspiel.
Für das Ballonspiel binden alle Kinder Ballons an die Äste verschiedener Bäume.
Ein Kind verteilt an dich und jeden anderen Teilnehmer einen Stock.
Wenn du einen Ballon antippst, bekommst du einen Punkt.
Wenn der Ballon zerplatzt, erhältst du zwei Punkte.
Wir alle zählen die Punkte.
Ich rase direkt nach Lisa los und treffe zwei Luftballons.

3 Schreibe die elf Verben aus **2** in Personalform und Grundform auf.

ihr plant – planen

2 Mit Verben Aufforderungssätze bilden

1 Verben stehen in der **Aufforderungsform**, wenn ich eine oder mehrere Personen auffordere, etwas zu tun. Das **Verb** steht dabei immer **am Satzanfang** und am **Satzende** steht ein **Ausrufezeichen**:
Bremse rechtzeitig! **Bremst** rechtzeitig!
Hilf den Fahranfängern! **Helft** den Fahranfängern!

2 Schreibe fünf Sätze auf, die du einem Kind zurufen könntest. Unterstreiche das Verb und markiere das Ausrufezeichen farbig. □↓ □↑

den Helm nicht vergessen | nach vorn schauen | auf den Gegenverkehr achten

an der Haltelinie stoppen | die Vorfahrt beachten

Vergiss

3 Schreibe fünf Sätze auf, die du der ganzen Klasse zurufen könntest. Unterstreiche das Verb und markiere das Ausrufezeichen farbig.

Heft 1, S. 19 ③ □↓□↑
Schaut nach vorn!
...

4

2 Eigene Aufforderungssätze bilden

1 Schreibe die sechs Baderegeln als Aufforderungssätze auf.

nur in ausreichend tiefes Wasser springen | nicht bei Gewitter ins Wasser gehen

das Wasser und die Umgebung sauber halten | nicht zu weit hinausschwimmen

nicht ohne Sonnenschutz sonnen | nicht dort baden, wo Schiffe fahren

Bade nicht dort, wo

2 Verben mit Vorsilben bilden

1 Verben mit Vorsilben wie **an-**, **ab-**, **auf-**, **aus-**, **ein-**, **ver-**, **vor-**, **nach-** werden im Satz oft getrennt:
Mia **setzt** einen Helm **auf**.
Enes **zieht** seine Inliner **an**.

2 Lest die Liste und tragt die passenden Vorsilben ein.

an | vor | aus | ein | auf | ver

Vorbereitungen für einen Hindernislauf

– eine Slalombahn an legen → Marie
– viele Hütchen _____ stellen → Tim und Lisa
– lange Seile _____ legen → Emira
– eine Wippe _____ bauen → Tarek
– die Zielfahne _____ malen → Niko
– Einladungen _____ schicken → Max
– eine Ziellinie _____ zeichnen → Paula
– Freunde _____ laden → Finn
– verschiedene Preise _____ bereiten → Hanna

3 Schreibe in Sätzen auf, was die Kinder in 2 tun. Unterstreiche das Verb.

Heft 1, S. 21 ③
Marie legt eine Slalombahn an.
...

2 Über das eigene Lernen nachdenken

Gedanken zu meinem Lernen

3 Verben in der 1. Vergangenheit erkennen

1 Lies den Text und unterstreiche die Verben.

Fahrräder früher

Das erste bekannte Zweirad erfand
Karl Freiherr von Drais 1817.
Er nannte diese Erfindung Laufmaschine.
Später verwendete er den Begriff Draisine.
Herr von Drais baute sie vollständig aus Holz.
Sie hatte keine Pedale und keine Kette.
Der Fahrer stieß sich mit den Füßen vom Boden ab.

Der Franzose Ernest Michaux entwickelte das Hochrad.
Es fuhr mit Kurbel und Tretpedal.
Das Vorderrad war sehr groß und das Hinterrad sehr klein.
Viele Hochradfahrer verletzten sich, wenn sie
aus großer Höhe vom Fahrrad fielen.

2 Schreibe die unterstrichenen Verben mit Pronomen auf.
Ergänze die Grundform.

er erfand – erfinden.

3 Verben in der 1. Vergangenheit bilden

1 Lies den Text und unterstreiche die Verben.

Fahrradfahren <u>macht</u> Spaß

Es schützt auch die Umwelt.
Heute gibt es viele verschiedene Fahrräder:
Liegeräder, Mountainbikes, E-Bikes, Rennräder
oder Trekkingräder.
Jedes Fahrrad dient einem anderen Zweck.
Radfahrer tragen heute oftmals passende Radbekleidung
und einen Fahrradhelm.
Überall schätzen die Menschen das Fahrrad
als umweltfreundlichstes Transportmittel.
Viele Kinder lernen das Fahrradfahren heute wieder
mit einem kleinen Laufrad, ähnlich der Laufmaschine
des Herrn von Drais.
Bis zum vollendeten achten Lebensjahr benutzen Kinder
den Gehweg, wenn sie mit dem Fahrrad fahren.

2 Schreibe die unterstrichenen Verben aus 1 mit Pronomen auf.
Ergänze jeweils die Vergangenheitsform.

es macht – es machte

3 Verben in der 2. Vergangenheit finden

1 **Verben**, die von **früher** erzählen, können in der **1. Vergangenheit (Präteritum)** oder in der **2. Vergangenheit (Perfekt)** stehen:

ich **erfinde** (Gegenwart)
ich **erfand** (1. Vergangenheit) — ich **habe erfunden** (2. Vergangenheit)

ich **laufe** (Gegenwart)
ich **lief** (1. Vergangenheit) — ich **bin gelaufen** (2. Vergangenheit)

In der geschriebenen Sprache benutzt man häufig die **1. Vergangenheit**.
In der gesprochenen Sprache benutzt man häufig die **2. Vergangenheit**.

2 Unterstreiche alle Verben, die in der 2. Vergangenheit stehen.

Ich bin Freiherr von Drais. Ich habe die Draisine erfunden. Ich habe lange überlegt und ich habe lange daran gebastelt. Ich habe ein Gefährt gebaut, mit dem ich selbst viele Kilometer gelaufen bin. Ich habe mich immer mit langen Schritten vom Boden abgestoßen. Die Menschen haben damals sogar richtige Laufradrennen veranstaltet. Ich bin ein großer Erfinder gewesen.

3 Schreibe die unterstrichenen Verben aus 2 mit der Personalform auf.

ich habe erfunden, ich

3 Verben in die 2. und 1. Vergangenheit setzen

1 Lies einem anderen Kind vor, was der Museumspädagoge erzählt.

4000 Jahre vor Christus ___ ein Mensch das Rad ___ (erfinden). Dieser Mensch ___ im Vorderen Orient ___ (leben). Er ___ die Grundlage für alle Fahrzeug-erfindungen mit Rädern ___ (legen). 2000 Jahre vor Christus ___ die Menschen in Süddeutschland mit hölzernen Wagenrädern ___ (fahren). Im Jahr 1817 ___ es in Deutschland eine große Hungersnot ___ (geben). Auch die Pferde ___ ___ (hungern). Die Pferde ___ aber damals die Kutschen ___ (ziehen) und die Reiter ___ (tragen). Deshalb ___ Herr Drais ein Gefährt ohne Pferde ___ (erfinden): die Draisine. Die Draisine ___ die Geschwindigkeit eines galoppierenden Pferdes ___ (erreichen). 1861 ___ zwei Franzosen das erste brauchbare Hochrad ___ (konstruieren). 1867 ___ die ersten Frauen im Damensitz auf dem Hochrad ___ (fahren).

2 Schreibe die ersten zehn Verben aus **1** in der 2. und 1. Vergangenheit auf.

er hat erfunden –

3 Entwirf selbst einen kleinen Museumsführer für Kinder. Schreibe dazu zwei Sätze aus 1 ab und male dazu.

3 Mit starken Verben Vergangenheitsformen bilden

1 Schreibe ins Gespenstertagebuch, was die Gespenster am 31.10. erledigten. Unterstreiche die Verben in der 1. Vergangenheitsform.

Gespensterabend am 31.10.
Fredo goss

2 Denkt euch aus, was die Gespenster den Gespenstereltern erzählen.

Ich <u>habe</u>
die Nachtschattengewächse
<u>gegossen</u>.

Wir alle haben

Wir haben auch

3 Die Zukunftsform von Verben bilden

1

Die **Zukunftsform** von Verben zeigt an, dass etwas in der **Zukunft (= später) passieren wird.**

Julia wird die Fahrradprüfung bestehen.

Die **Zukunftsform** besteht aus **zwei Teilen**.

erfinden:

ich **werde erfinden**	wir **werden erfinden**
du **wirst erfinden**	ihr **werdet erfinden**
er, sie, es **wird erfinden**	sie **werden erfinden**

2 Überlegt, was die Maschine leisten wird.
Schreibt eure Ideen in der Zukunftsform auf. Unterstreicht die Verben.

Jean Tinguely: Fatamorgana („optische Täuschung")
Méta-Harmonie IV, 1985

Die Maschine wird

→ AH Seite 20

3 Zeitformen des Verbs erkennen

1 Unterstreiche im Text mit verschiedenen Farben mindestens zehn Verben in der Vergangenheit, fünf Verben in der Gegenwart und fünf Verben in der Zukunft. Lege mit den Verben eine Tabelle an.

Heft 1, S. 31 ①

Gegenwart	1. Vergangenheit	Zukunft
es gilt	es begann	...
...	...	

Der Computer – wie es begann

1671 baute Gottfried Wilhelm Leibniz in Deutschland die erste leistungsfähige Rechenmaschine.

Dazu erfand er 1703 das binäre Zahlsystem (Dualsystem). Es gilt auch heute noch als Grundlage für die Digitalrechner. Das Dualsystem nutzt zur Darstellung von Zahlen nur die Ziffern 0 und 1.

Wertigkeit:	8	4	2	1
Null:	0	0	0	0
Eins:	0	0	0	1
Zwei:	0	0	1	0
Drei:	0	0	1	1
Vier:	0	1	0	0
Fünf:	0	1	0	1
Sechs:	0	1	1	0
Sieben:	0	1	1	1
Acht:	1	0	0	0
Neun:	1	0	0	1
Zehn:	1	0	1	0

Charles Babbage entwickelte 1822 eine Differenzmaschine. Sie war ein mechanischer Computer. Man trieb ihn durch das Drehen einer Kurbel an.

1843 schrieb Ada Lovelace das erste Computerprogramm. Im gleichen Jahr konstruierten Edvard und Georg Scheutz in Stockholm den ersten mechanischen Computer nach den Ideen von Charles Babbage.

1941 gilt bei vielen als Geburtsstunde des modernen Computers: Konrad Zuse baut den ersten vollautomatischen, programmgesteuerten, frei programmierbaren Computer der Welt.

Die 1980er-Jahre waren die Blütezeit der Heimcomputer. 1983 entstand der erste Bürocomputer mit Maus namens Lisa. Er kostete 10 000 US-Dollar. Heute gibt es in vielen Büros und Haushalten Computer. Sie sind viel günstiger als Lisa. Viele Menschen nutzen das Internet oder spielen Computerspiele. Sicherlich wird bald eine noch modernere Erfindung den Tablet-Computer ablösen. Heute gilt er als neuartig und originell.

Zukünftig werden Computer vielleicht biologische und technische Informationen verarbeiten. Vielleicht werden die Wissenschaftler auch Computer erfinden, die ein eigenes Bewusstsein entwickeln. Oder es werden nur noch Computer arbeiten, während die Menschen nichts tun werden. Was denkst du?

3 Mit den Zeitformen Quartett spielen

1 Bastelt ein Quartett. Ihr benötigt acht verschiedene Verben.

2 Spielt das Spiel.

3 Über das eigene Lernen nachdenken

Gedanken zu meinem Lernen

4 Adjektive mit Wortbausteinen bilden

1 Spielt das Spiel nach folgender Spielregel: Würfelt reihum. Wenn du an der Reihe bist, würfle und suche das nächste Feld, das zusammen mit deinem gewürfelten Wortbaustein ein sinnvolles Adjektiv ergibt.

Beispiel: Du würfelst **-lich** und rückst auf **Tag** vor (= täglich). Das Ziel musst du direkt erreichen.

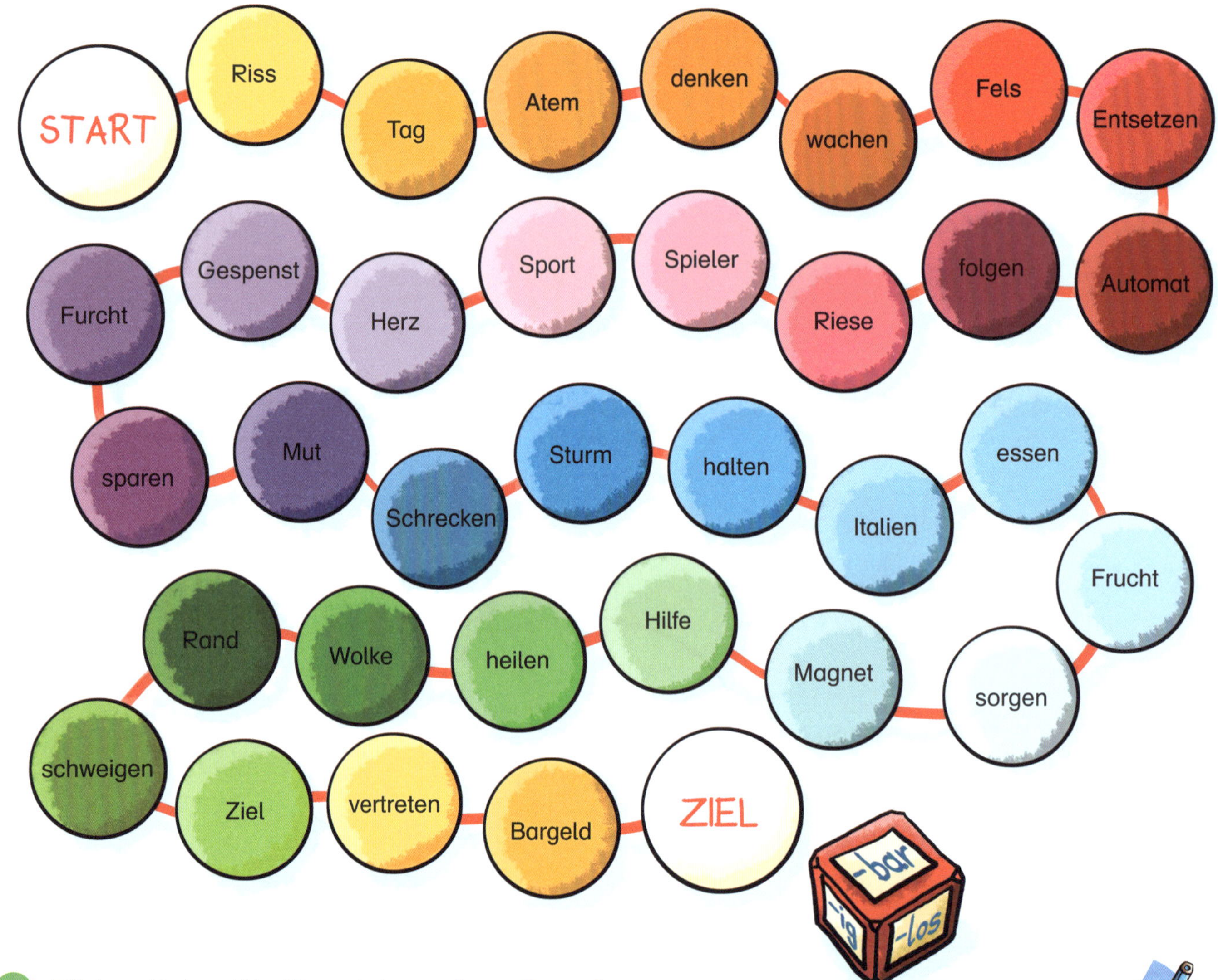

2 Bilde mit den Wortbausteinen **-bar, -los, -ig, -lich, -isch, -sam** Adjektive. Verwende drei Nomen und drei Verben aus dem Spielplan. Schreibe sie auf. Unterstreiche den Wortbaustein.

Heft 1, S. 34 ②
heilen – heil<u>bar</u>
Furcht – furcht<u>los</u>
...

3 Finde weitere Wörter und ergänze deine Übersicht.

→ AH Seite 26

4 Adjektive finden

1 Findet gemeinsam in den Textabschnitten aus dem Buch „Wickie auf großer Fahrt“ alle Adjektive und unterstreicht sie.

Wer glaubt, die Wikinger wären nur wilde Raufbolde gewesen, der irrt sich gewaltig! Sie waren nämlich auch ungehobelte Trunkenbolde. (…) Und fiese Schwertschwinger.
Vor allem waren die Wikinger hervorragende Seefahrer. Mit seinen langen, wendigen Drachenbooten eroberte Erik der Rote Grönland – was nicht weiter schwer war, denn dort gab es damals nur ein paar Schafe. (8 Adjektive)

Einige Jahre später unternahm auch Halvar von Flake weite Reisen. Meistens freiwillig und voller Lust, zu rauben und zu brandschatzen. Doch eines Tages riss seine Glückssträhne und sein schmächtiger Sohn musste all seine Klugheit aufbringen, um Halvar zu retten. Aber vor dieser großen Fahrt musste den starken Männern unbedingt noch ein klitzekleiner Überfall gelingen. (6 Adjektive)

Nur wenige Sekunden später landeten kleine Schuhe in den riesigen Fußstapfen. Huch, das war aber ein winziger Wikinger! (…) Sein Gesicht war von schulterlangen, karottenblonden Haaren eingerahmt. Eigentlich war dieser Wikinger schlau, gerecht, hübsch, gewitzt und steckte voller guter Ideen, das merkte man sofort. (10 Adjektive)

2 Schreibe die Adjektive des ersten Abschnitts aus **1** mit einem passenden Nomen auf. Du kannst Nomen aus dem Text oder eigene Nomen verwenden. Unterstreiche die Adjektive.

ein wilder Raufbold,

3 Sprecht darüber, was die Adjektive im Text bewirken.

4 Zusammengesetzte Adjektive bilden

① Mit zusammengesetzten Adjektiven kann man ihre ursprüngliche Bedeutung noch verstärken: neu – nagelneu.
Manchmal brauchst du dazu Fugenbuchstaben: stark – bärenstark.

② Bildet mit den Tieren zusammengesetzte Adjektive und schreibt sie auf.

der Aal | die Biene | das Wiesel | der Hund

der Pudel | der Rabe | der Bär

flink | fleißig | glatt | müde | nass | schwarz | stark

③ Schreibe eine Mini-Geschichte mit vielen zusammengesetzten Adjektiven.

Heft 1, S. 36 ③

...

4 Farbadjektive bilden

1 Bildet aus den Nomen und den Adjektiven zusammengesetzte Farbadjektive. Schreibt sie auf.

gelb | grün | blau | weiß | braun | rot | schwarz | grau

tannengrün,

2 Vergleicht die englischen und deutschen Farbadjektive.

4 Mit Adjektiven vergleichen

1 Unterstreicht die Adjektive und ihre Vergleichsstufen.
Nennt die beiden Adjektive, deren Vergleichsstufen auf besondere Weise gebildet werden.

Pippi ist ein merkwürdiges Mädchen, bestimmt ist sie merkwürdiger als viele andere Mädchen. Vielleicht ist sie das merkwürdigste Mädchen überhaupt?

Sie hat viele Goldstücke, sicher hat sie mehr Goldstücke als ihr, vielleicht hat sie sogar am meisten.

Sie ist ein starkes Kind, sie ist stärker als die Polizisten. Vielleicht ist sie das stärkste Kind überhaupt?

Ihre Pfannkuchen sind wirklich gut, vielleicht sogar besser als bei euch, vielleicht sind es auch die besten Pfannkuchen?

Ihre Kleider sind bunt, bestimmt sind sie bunter als bei vielen anderen Mädchen. Vielleicht sind sie am buntesten?

Annika und Thomas mögen Pippis Eckbank. Sie ist sehr gemütlich, noch gemütlicher aber ist der Schaukelstuhl. Aber beide finden: Pippis Bett mit den großen Kissen ist am gemütlichsten.

2 Verfasse selbst einen Text über Pippi Langstrumpf wie in **1**.
Verwende dafür ein Adjektiv mit seinen Vergleichsstufen.

4 Vergleichsstufen von Adjektiven bilden

1 Trage die Adjektive mit ihren Vergleichsstufen in die Tabelle ein.

wild | komisch | schnell | mutig | viel | schlau

lustig | witzig | fröhlich | kräftig | gut

Grundstufe	1. Vergleichsstufe	2. Vergleichsstufe
wild	wilder	am

2 Ergänze die Tabelle mit weiteren Adjektiven und ihren Vergleichsstufen.

4 Über das eigene Lernen nachdenken

Gedanken zu meinem Lernen

5 Nomenproben kennen

1

Mit einer **Nomenprobe** überprüfe ich, ob ein Wort ein Nomen ist.
Mindestens zwei Proben müssen passen.
Diese Proben gibt es:

1. Ich kann einen **Artikel** vor das Wort setzen: der Rucksack oder ein Rucksack.
2. Ich kann die **Mehrzahl** bilden: die Rucksäcke.
3. Ich kann ein passendes **Adjektiv** vor das Wort setzen: ein schwerer Rucksack.
4. Ich kann an das Wort **-chen** oder **-lein** hängen: das Rucksäckchen.
5. Ich prüfe, ob es sich um ein **Wort für ein Lebewesen, ein Gefühl, ein Ding oder etwas Abstraktes** handelt: ein Rucksack = Ding.

2 Finde im folgenden Text mit Hilfe der Nomenproben die Nomen.
Verbessere jeweils den Anfangsbuchstaben.

Als ~~e~~Emma aus dem bus stieg, schloss sie erst mal die augen und holte tief luft.
Ja. So musste es riechen. Nach mist, benzin und feuchter erde.
Nach sommerferien bei dolly.

emma schwang sich ihren rucksack auf den rücken
und hüpfte über die straße. Sie spuckte in den dorfteich,
sprang in zwei pfützen und stand vor dem gartentor
ihrer großmutter. Alles war wie immer.

Von dem alten haus blätterte die farbe ab und in dollys
blumenkästen wuchsen keine geranien, sondern salatköpfe.

Der wackelige gartentisch unterm walnussbaum war
wie immer zu ihrem empfang gedeckt.

Cornelia Funke

3 Schreibe fünf Nomen mit jeweils
zwei Nomenproben auf.

Heft 1, S. 41 ③
der Bus – die Busse
...

5 Verbenproben kennen

1

Mit einer **Verbenprobe** finde ich heraus, ob ein Wort ein Verb ist.
Diese Proben gibt es:
1. Ich kann die **Grundform** des Wortes bilden: sie lagen – liegen.
2. Ich kann das Wort in verschiedene **Personalformen** setzen: ich liege, er liegt …
3. Ich kann das Wort in verschiedene **Zeitformen** setzen: ich liege, ich lag, ich habe gelegen, ich werde liegen …

2 Finde im Text mit Hilfe der Verbenproben mindestens 15 verschiedene Verben und unterstreiche sie.

Tom und Jerry, Dollys alte Hunde, lagen schlafend vor der offenen Haustür. Sie hoben nicht einmal die Schnauzen, als Emma das Tor aufstieß und aufs Haus zu lief.
Aus dem Haus roch es angebrannt.
Emma grinste. Dolly hatte wohl wieder versucht zu backen. Wahrscheinlich war sie die einzige Großmutter auf der Welt, die keinen Kuchen zustande bekam. Kochen konnte sie auch nicht besonders gut. Sie tat nichts von dem, was die Großmütter von Emmas Freundinnen gerne machten. Dolly häkelte nicht, las keine Geschichten vor, und Emmas Geburtstag vergaß sie jedes Jahr. Ihre grauen Haare waren kurz wie Streichhölzer, sie trug meistens Männersachen und ihr Auto reparierte sie selber. Emma hätte sie gegen keine andere Großmutter eingetauscht.

Cornelia Funke

3 Schreibe zehn Verben aus **2** mit einer Probe auf.

Heft 1, S. 42 ③
lagen – liegen, …

5 Adjektivproben kennen

1 Mit einer **Adjektivprobe** finde ich heraus, ob ein Wort ein Adjektiv ist.
Diese Proben gibt es:
1. Ich kann zu dem Wort **Vergleichsstufen** bilden: riesig – riesiger – am riesigsten.
2. Ich kann ein passendes **Nomen hinter das Wort** setzen: der riesige Hund.

2 Finde im folgenden Abschnitt mit Hilfe der Adjektivproben sechs verschiedene Adjektive und unterstreiche sie. Schreibe sie jeweils mit einer der beiden Adjektivproben auf.

Ein riesiger Hund schoss bellend unterm Küchentisch hervor, sprang an Emma hoch und leckte ihr das Gesicht. „Hallo, Süße." Dolly hockte vorm Backofen und sah ziemlich unglücklich aus. Sie holte ihren Kuchen heraus und knallte ihn auf den Küchentisch. „Nun guck dir das an. Wieder zu braun. Ich versteh das nicht. Dabei habe ich mir sogar so eine dusselige Backuhr besorgt." Der Riesenhund ließ Emma in Ruhe und beschnupperte den verbrannten Kuchen. „Ein Glück, dass ich vorsichtshalber noch ein bisschen Kuchen gekauft habe." Dolly wischte sich die mehlverschmierten Hände an der Hose ab und gab Emma einen Kuss.

Cornelia Funke

riesig – riesiger –

5 Die Wortartenproben anwenden

1 Findet im folgenden Text vier Nomen in der Einzahl und vier Verben in der Grundform. Unterstreicht sie blau und rot.

Das Seepferdchen

Es sieht aus wie ein Fabelwesen, ein erfundenes Tier. Als wenn jemand zu zeichnen begonnen und sich dabei gedacht hätte: Ach, heute male ich mal ein Unterwasserpferd. Ein Unterwasserpferd mit Stacheln anstelle einer Mähne. Mit einer Rückenflosse anstelle von Beinen. Mit einem geringelten Greifschwanz, rollenden Augen und einem zierlichen Hals. Aber da war niemand, der zeichnete. So etwas Verrücktes wie ein Seepferd kann man sich nämlich nicht ausdenken. Wirkliche Dinge sind oft seltsamer als ausgedachte Dinge.
Ein Seepferdchen ist ein Fisch. Ein Fisch, der nicht so gut schwimmen kann. Darum hält es sich mit dem Schwanz an einem Büschel Seegras fest. So kann die Strömung es nicht forttragen. Es sieht aus wie ein Luftballon, wie es da an seinem Schwanz im Wasser hin und her schwingt.

Bibi Dumont Tak

2 Schreibt einige der unterstrichenen Nomen und Verben aus **1** auf.

Nomen	Verben
das Seepferdchen	

3 Schreibe einen eigenen Text über ein Tier.
Verwende viele Adjektive und unterstreiche sie.
Wende dabei die Adjektivproben an.

Heft 1, S. 44 ③
...

5 Über das eigene Lernen nachdenken

Gedanken zu meinem Lernen

6 Sätze mit einem Bindewort verbinden

1

Mit **Bindewörtern** wie z. B. während, dass, wenn, weil, damit, obwohl, nachdem, bevor, als … kann ich **zwei Sätze** miteinander **verbinden**.
Zwischen den verbundenen Sätzen steht ein **Komma**.
Felix packt ein Buch ein. Er liest gern.
Felix packt ein Buch ein, weil er gern liest.

2 Verbinde die beiden Sätze mit dem Bindewort und schreibe sie auf. Denke an das Komma. Untersteiche das Bindewort.

weil	Jonas und Mama packen das Essen ein. Die Fahrt dauert fünf Stunden.
wenn	Imo wedelt freudig mit dem Schwanz. Er umrundet das Auto.
während	Papa träumt schon vom Strand. Er blättert im Urlaubskatalog.
damit	Sie fahren früh los. Sie stehen nicht im Stau.

Jonas und Mama

→ AH Seite 43

6 Wörtliche Rede kennzeichnen

Was jemand in einer Geschichte **spricht**, nennt man **wörtliche Rede**.
Vor der wörtlichen Rede stehen **Anführungszeichen unten**,
danach **Anführungszeichen oben**.
Ein **Redebegleitsatz** gibt an, wer spricht.
Nach dem Redebegleitsatz steht ein **Doppelpunkt**:
Schröder sagt: „Ich will Klavier spielen wie Beethoven."

1 Setze die fehlenden Zeichen ein. Schreibe die Sätze ab.

Charlie Brown ruft Komm her, Snoopy!

Linus fragt Wo ist meine Schmusedecke?

Lucy brüllt Ich bin so wütend!

Schröder sagt Ich will Klavier spielen wie Beethoven.

Heft 1, S. 47 ①
Charlie Brown ruft:
„Komm her, Snoopy!"
...

2 Lies den Comic.

a) Schreibe die wörtliche Rede mit passenden Begleitsätzen auf.
Du kannst auch die Verben aus dem Wortkasten nutzen.

mitteilen rufen sprechen widersprechen meinen
bemerken seufzen antworten erwidern überlegen

Heft 1, S. 47 ②
Linus bemerkt:
„Hinter dir sitzt ein
großer Alligator!"
...

b) Unterstreiche den vorangestellten Redebegleitsatz.

c) Markiere den Doppelpunkt und die Anführungszeichen der wörtlichen Rede
mit verschiedenen Farben.

→ AH Seite 44

6 Nachgestellte Redebegleitsätze schreiben

1 Der **Redebegleitsatz** kann auch **nach der wörtlichen Rede** stehen.
Dann setze ich die Satzzeichen so:
„Suchst du nach vergrabenen Schätzen?“, fragt Hobbes.
„Ich suche nach vergrabenen Schätzen!“, ruft Calvin.
„Ich suche nach vergrabenen Schätzen“, sagt Calvin.

2 Lies den Comic. Schreibe das Gespräch von Calvin und Hobbes auf.
Die Begleitsätze sollen hinten stehen. Markiere wie im Beispiel.

„Warum gräbst du ein Loch?“, fragt Hobbes.
„Ich

3 Lest eure Texte aus 2 mit verteilten Rollen. Findet einen Erzähler und Kinder für die Instrumente, die die Satzzeichen vertonen.

den Doppelpunkt  2x

den Punkt  1 Schlag

die Anführungszeichen  2x

das Ausrufezeichen 

das Komma  1 Schlag

das Fragezeichen 

4 Ergänze in den Witzen die fehlenden Satz- und Redezeichen sowie passende Redebegleitsätze.

Die kleine Moni hat den ganzen Kuchen allein aufgegessen.
Die Mutter kommt dazu, als Moni gerade die letzten Krümel verspeist.

Hast du denn nicht an deinen Bruder gedacht

Doch, natürlich, deshalb habe ich mich ja so beeilt

Toni ist in der Schule und schreibt in sein Heft.
Die Lehrerin schaut ihm über die Schulter.

Warum schreibst du denn so schnell

Weil die Tinte fast alle ist

5 Lest die Witze aus 4 mit verteilten Rollen. Nutzt dazu dieselben Instrumente wie in 3.

→ AH Seite 45

6 Dialoge schreiben und lesen

1 Lies den Text.

Pia schaut auf den Tisch. „Und was machen dann diese Möhren hier? Ich esse doch keine Möhren.“
Und ich sage: „Oh, glaubst du, das wären Möhren? Das sind doch keine Möhren. Das sind orangefarbene Lakritzstangen vom Jupiter.“
„Die sehen aber wie Möhren aus“, sagt Pia.
„Wie können das Möhren sein“, sage ich.
„Auf dem Jupiter wachsen überhaupt keine Möhren.“
„Das stimmt“, sagt Pia. „Na gut, vielleicht probiere ich eine, wenn sie den weiten Weg vom Jupiter kommen.
Mmmh, nicht schlecht“, sagt sie und beißt noch mal ab.

Lauren Child

2 Lest den Dialog mit verteilten Rollen.

3 Denke dir aus, wie du Pia überreden könntest, Kürbissuppe oder Bohnen oder Spinat zu essen. Schreibe den Dialog mit Begleitsätzen auf.

Heft 1, S. 50 ③
Pia sagt: „Ich esse doch ...

4 Suche dir ein Partnerkind und lest den Dialog mit verteilten Rollen.

6 Bei Aufzählungen Kommas setzen

1 Lies die beiden Sätze und trage die Kommas richtig ein.

An einem sonnigen Wochenende spiele ich draußen fahre Skateboard gehe Fußballspielen oder verbringe den Tag im Freibad.

An einem verregneten Wochenende spiele ich mit meiner Ritterburg lese Abenteuerbücher male mit Wasserfarben und räume mein Zimmer auf.

2

Rad fahren, lesen, kochen, schlafen, rennen, spielen, Kekse essen, Kuchen backen, mit dem Hund spazieren gehen, Musik hören, am Computer spielen, tanzen, fernsehen, mit meinen Freunden spielen, …

3 Schreibe eine ausführliche Aufzählung deiner Lieblingsbeschäftigungen.

Meine Lieblingsbeschäftigungen sind

6 Über das eigene Lernen nachdenken

Gedanken zu meinem Lernen

7 Satzglieder umstellen

So arbeite ich mit dem Satzfächer:

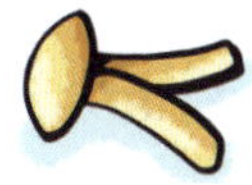

1. Ich übertrage jedes Satzglied auf einen Papierstreifen.
2. Ich verbinde diese Papierstreifen zu einem Fächer.
3. Ich verschiebe die Satzglieder zu einem sinnvollen Satz und schreibe ihn auf.
4. Ich verschiebe die Satzglieder mehrmals und finde weitere Sätze.

1 Lies die Bastelanleitung für den Satzfächer. Bastle fünf verschiedene Satzfächer mit den fünf Sätzen. Schreibe jedes Satzglied auf einen Papierstreifen.

die Köche | servieren | den Gästen | im Saal | das Essen | am Abend

der Burgherrin | liefern | die Dorfbewohner | am Morgen | das Obst | an

die Pagen | striegeln | nach dem Ausritt | die Pferde | gründlich

am Nachmittag | im Hof | die Kinder | Holzschwerter | schnitzen

nach dem Turnier | gratuliert | das Burgfräulein | dem edlen Ritter

2 Bildet zu jedem Satzfächer verschiedene Sätze und lest sie euch gegenseitig vor. Schreibt zu einem Fächer alle möglichen Sätze auf.

Heft 1, S. 53 ②
...

3 Stelle einen eigenen Satzfächer mit möglichst vielen Satzgliedern her. Bildet mit dem Fächer eines Partnerkindes Sätze.

7 Subjekt und Prädikat ermitteln

Der Ritter reitet.
Ich frage nach dem **Subjekt**:
Wer oder **was** reitet? der Ritter
Ich frage nach dem **Prädikat**:
Was tut jemand oder **was geschieht?** Der Ritter reitet.

1 Frage in den Sätzen nach dem Subjekt und dem Prädikat.
Schreibe die Fragen auf und unterstreiche die Antworten rot und blau.

Die Ritter tragen Gewänder aus Leinen und Wolle.

Wer

Was tun

Auf dem Turnierplatz kämpfen sie mit Schwert und Schild.

Jede Ritterfamilie besitzt ein eigenes Wappen.

2 Bestimme in den Sätzen durch passende Fragen Subjekte und Prädikate.
Unterstreiche sie in der jeweiligen Farbe.

Umsichtig versorgen alle Knappen die Pferde.

Am Mittag beginnt das Ritterspektakel.

Fanfarenklänge eröffnen das Turnier.

3 Finde auf deinen Satzfächern von Seite 53 die Subjekte und Prädikate.
Schreibe auf die Rückseite die passenden Fragen und Subjekt oder Prädikat.

7 Zweiteilige Prädikate finden

1 Das **Prädikat** kann auch **aus zwei Teilen** bestehen:
Die Mägde legen das Fleisch in Salzlake ein.

2 Stelle zu jedem Satz die Frage nach dem Prädikat.
Unterstreiche die zweigeteilten Prädikate.

Die Mägde legen das Fleisch in Salzlake ein.

Der Koch setzt eine Suppe an.

Die Küchenmädchen bereiten das Gemüse vor.

Der Küchenjunge sammelt Scherben auf.

3 Schreibe mit den Wörtern in den Steinen sinnvolle Sätze oder Unsinnsätze auf.
Unterstreiche immer das zweigeteilte Prädikat.

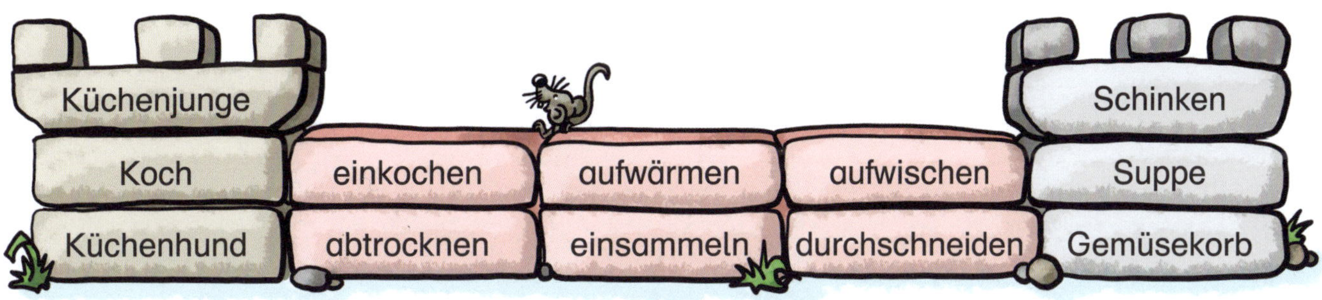

Der Küchenhund

4 Finde aus deinen Satzfächern von Seite 53 den Satzfächer mit dem zweigeteilten Prädikat heraus. Überprüfe, ob du beide Teile markiert hast.

7 Die Wen-oder-Was-Ergänzung bestimmen

1 Die **Wen-oder-Was-Ergänzung** (Akkusativobjekt) ist auch ein Satzglied.
Ich frage danach: **Wen** oder **was?**
Die Bauern versorgen die Tiere.
Wen oder was versorgen die Bauern? <u>die Tiere</u>

2 Stelle zu jedem Satz die Wen-oder-Was-Frage.
Schreibe die Fragen und kurze Antworten auf.

Die Kinder sammeln Pilze und Beeren.

Die Knappen jagen Wildschweine.

Die Knechte hacken Brennholz.

Die Frauen pflücken Kräuter und Gräser.

Wen oder was sammeln die Kinder?

3 Unterstreiche die Wen-oder-Was-Ergänzungen in den Sätzen zu 2 grün.

4 Finde auf deinen Satzfächern von Seite 53 die Wen-oder-Was-Ergänzungen.
Schreibe auf die Rückseite die passenden Fragen und die Wen-oder-Was-Ergänzung.

7 Die Wem-Ergänzung finden

1

Die **Wem-Ergänzung** (Dativobjekt) ist auch ein Satzglied.
Ich frage danach: **Wem?**
Die Händler verkaufen dem Koch ihre Waren.
Wem verkaufen die Händler ihre Waren? dem Koch

2 Stelle die Fragen nach der Wem-Ergänzung.
Schreibe die Fragen und kurze Antworten auf.

Der Wächter erklärt dem Händler den Weg.

Der Soldat öffnet den Bewohnern das Tor.

Der Stallmeister bringt dem Ritter neue Pferde.

Die Bauern liefern dem Burgherren Getreide.

Wem erklärt

3 Unterstreiche die Wem-Ergänzungen in den Sätzen zu **2** gelb.

4 Finde auf deinen Satzfächern von Seite 53 die Wem-Ergänzungen (Dativobjekte).
Schreibe auf die Rückseite die passenden Fragen und Wem-Ergänzung.

7 Sätze mit Wen-/Was- und Wem-Ergänzungen bilden

1 Bilde mit den Mauersteinen sinnvolle Sätze oder Unsinnsätze.
Unterstreiche die Wen-oder-Was-Ergänzungen.

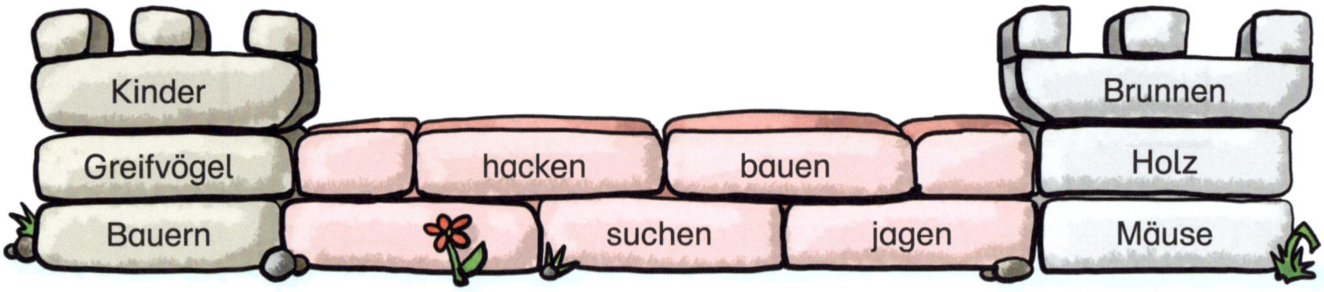

Die Kinder

2 Bilde eigene Sätze mit Subjekt, Prädikat und Wem-Ergänzung.
Du kannst die Wörter aus der folgenden Burgmauer verwenden.
Unterstreiche die Satzglieder in den passenden Farben.

7 Wen-/Was- und Wem-Ergänzungen unterscheiden

1 Entscheidet, ob das fett gedruckte Satzglied eine Wen-oder-Was-Ergänzung oder eine Wem-Ergänzung ist. Stellt dazu die passenden Fragen und unterstreicht die Satzglieder gelb und grün.

1 Julian sucht in einem Ritterbuch **Informationen**.
2 Er erforscht **das Leben auf der Burg**.
3 **Seiner Freundin Alessa** zeigt er sein Plakat.
4 Zusammen gestalten sie **die Überschrift**.
5 Der Lehrer hat **viele Aufgaben** vorbereitet.
6 Er erklärt **den Kindern** die Projektarbeit.
7 Alle Kinder brauchen **große Papierbögen**.
8 Eine Gruppe übt **ihre Präsentation** in der Aula.
9 Jule hilft **Mathilda** beim Verkleiden als Burgfräulein.
10 Zum Schluss feiern alle **ein großes Ritterfest**.
11 Sie führen **den Eltern** vor, was sie erarbeitet haben.

2 Stellt zu den Sätzen die Wen-oder-Was-Frage und die Wem-Frage. Unterstreicht die Ergänzungen in den passenden Farben.

1 Die Bibliothekarin hat der Klasse tolle Bücher empfohlen.
2 Jeden Tag liest der Lehrer den Kindern ein spannendes Ritterbuch vor.
3 Eine Gruppe stellt ihre selbst gebaute Ritterburg der Klasse vor.
4 Die Eltern spenden allen Gruppen viel Beifall.
5 Der Lehrer hat allen Kindern eine Urkunde überreicht.

3 Schreibe selbst mehrere Sätze mit beiden Ergänzungen. Lass ein Partnerkind deine Ergänzungen bestimmen.

Heft 1, S. 59 ③
…

7 Nach Satzgliedern fragen

1 Lies den Text und frage in jedem Satz nach dem **fett gedruckten** Satzglied.
Schreibe jeweils die Frage und die Antwort auf.
Bestimme das Satzglied und unterstreiche es in der passenden Farbe.

Heft 1, S. 60 ①
Wem gehörte Bibernell?
Igraines Familie
Was …

- Die Frage nach dem Subjekt: **Wer** oder **was?**
- Die Frage nach dem Prädikat: **Was tut** jemand? oder **Was geschieht?**
- Die Frage nach der Wen-oder-Was-Ergänzung: **Wen** oder **was?**
- Die Frage nach der Wem-Ergänzung: **Wem?**

Igraine Ohnefurcht

Seit mehr als dreihundert Jahren gehörte Bibernell **Igraines Familie**. **Die Burg** war nicht groß. Aber für Igraine war es die schönste Burg der Welt. Das Burgtor **bewachten** zwei Steinlöwen. Hoch oben auf einem Mauersims hockten sie. Wenn sich **ein Fremder** näherte, fletschten sie **die steinernen Zähne**. **Die Löwen** waren nicht die einzigen Wächter auf Bibernell. Von den Mauern blickten steinerne Fratzen herab, die **jedem Fremden** fürchterliche Grimassen schnitten. Ihre breiten Münder konnten **Kanonenkugeln** schlucken. Brandpfeile zerknackten sie, als gäbe es nichts Schmackhafteres auf der Welt. Zum Glück jedoch hatten **die Steinfratzen** schon lange keine Pfeile oder Kanonenkugeln mehr zwischen die Zähne bekommen. **Bibernell** war seit vielen Jahren nicht mehr angegriffen worden. Früher war es weniger friedlich zugegangen, denn Igraines Familie besaß **Zauberbücher**. **Raubritter, Herzöge, Barone, ja sogar zwei Könige** hatten Bibernell überfallen. Doch **sie alle** waren erfolglos wieder davongezogen.

Cornelia Funke

7 Die Ergänzung des Ortes verwenden

1 Die **Ergänzung des Ortes** ist auch ein Satzglied.
Ich frage danach: **Wo? Wohin? Woher?**
Kunibert schläft im Stall.
Wo schläft Kunibert? im Stall

2 Stellt euch gegenseitig Wo- und Wohin-Fragen zur Bestimmung des Ortes.

klettert	in den Burggraben
schleicht	aus dem Verlies
schläft	im Burghof
sitzt	auf sein Land
stöbert	im Waschzuber
blickt	in der Kemenate

3 Denke dir aus, was Kunibert in der Burg und außerhalb der Burg erlebt.
Schreibe es auf und unterstreiche die Ergänzungen des Ortes orange.

Heft 1, S. 61 ③
Kunibert klettert in den Burggraben,
schläft in …

4 Finde auf deinen Satzfächern von Seite 53 die Ergänzungen des Ortes.
Schreibe auf die Rückseite die passenden Fragen und Ergänzung des Ortes.

7 Die Ergänzung der Zeit bestimmen

1 Die **Ergänzung der Zeit** ist auch ein Satzglied.
Ich frage danach: **Wann? Wie oft? Wie lange?**
Kunigunde lernt mittwochs nach der Mittagsruhe Fallen bauen.
Wann lernt Kunigunde Fallen bauen? mittwochs nach der Mittagsruhe

2 Stellt euch gegenseitig Fragen zu Kunigundes Stundenplan.

	Mo.	Di.	Mi.	Do.	Fr.
8–10 Uhr	*Im Sommer:* jagen *Im Winter:* Pferdepflege	*Im Sommer:* reiten *Im Winter:* Pferdepflege	*Im Sommer:* reiten *Im Winter:* Feuer machen	*Im Sommer:* jagen *Im Winter:* Freizeit	*Im Sommer:* reiten *Im Winter:* Pferdepflege
10–12 Uhr	nähen und stricken		Wappenkunde	nähen und stricken	Feuer machen
12 Uhr	Mittagessen um 12 Uhr				
Burgenruhe bis 14 Uhr					
14–16 Uhr	Fährten lesen	schnitzen	Fallen bauen	Heilpflanzenkunde	Freizeit
16–18 Uhr	schnitzen	*Im Winter:* musizieren und singen *Im Sommer:* Freizeit		*Im Winter:* musizieren und singen *Im Sommer:* Freizeit	

3 Schreibe mindestens sechs Fragen mit den passenden Antwortsätzen auf. Unterstreiche in der Frage das Fragewort und im Antwortsatz die Ergänzung der Zeit.

Heft 1, S. 62 ③
Wann lernt Kunigunde Feuer machen?
Freitags lernt Kunigunde Feuer machen.

→ AH Seite 53

7 Die Ergänzung der Art und Weise verwenden

1

Die **Ergänzung der Art und Weise** ist ein weiteres Satzglied.
Ich frage danach: **Wie? Auf welche Art und Weise?**
Sorgfältig packt Alisa ihren Rucksack.
Wie packt Alisa ihren Rucksack? sorgfältig

2 Fügt in den Sätzen passende Ergänzungen der Art und Weise ein. Probiert mehrere Möglichkeiten aus. Ihr könnt die Sätze auch umstellen.

schnell | neugierig | gründlich | gut gelaunt
miteinander | alleine | wie der Blitz | zusammen | mit dem Rucksack | müde
freudig | mit dem Bus | gespannt | gut vorbereitet | mit Begeisterung | …

Vor den Ferien plant die Klasse einen Ausflug.

Der Busfahrer erwartet die Kinder vor der Schule.

Alle Kinder fahren zur Burg Hohenzollern.

Ihre Lehrerin hat eine Kinderführung gebucht.

Sie treffen sich an der Kanone im Burghof.

Die Museumspädagogin erzählt ihnen etwas über das einstige Burgleben.

Anschließend wollen sie die Burg erkunden.

Am Abend kommen sie wieder an der Schule an.

3 Schreibe einige Sätze aus **2** auf und unterstreiche die eingefügte Ergänzung in der passenden Farbe. Bestimme in deinen Sätzen auch die anderen Satzglieder und unterstreiche sie in den passenden Farben.

Heft 1, S. 63 ③
…

7 Mit Satzgliedern Treppensätze bilden

1 Lest euch die Treppensätze vor. Wechselt euch bei jeder Stufe ab.
Bestimmt gemeinsam die Satzglieder.

Unsere Klasse
Unsere Klasse unternahm
Unsere Klasse unternahm vor den Ferien
Unsere Klasse unternahm vor den Ferien einen Ausflug
Unsere Klasse unternahm vor den Ferien einen Ausflug zu einer mittelalterlichen Burg.

Eine Führerin
Eine Führerin erklärte
Eine Führerin erklärte der Klasse
Eine Führerin erklärte der Klasse ausführlich
Eine Führerin erklärte der Klasse ausführlich den Aufbau der Burg.

Nach dem Rundgang
Nach dem Rundgang verspeisten
Nach dem Rundgang verspeisten wir
Nach dem Rundgang verspeisten wir in der Burgschenke
Nach dem Rundgang verspeisten wir in der Burgschenke einen Ritterschmaus.

Am Abend
Am Abend stiegen
Am Abend stiegen wir
Am Abend stiegen wir fröhlich
Am Abend stiegen wir fröhlich in den Bus ein.

2 Verfasse passend zu zwei Abbildungen eigene Treppensätze.

3 Denke dir eigene Treppensätze aus. Schreibe und zeichne dazu.
Du kannst auch den englischen Satz als Treppe aufschreiben.

In the morning | Laura | is riding | her horse | in the forest.

7 Über das eigene Lernen nachdenken

Gedanken zu meinem Lernen

8 Redewendungen kennenlernen

Redewendungen zu benutzen heißt, in Bildern zu sprechen.
Viele Bilder sind schon älter und damit schwierig für uns zu verstehen.
Manchmal muss ich Redewendungen erst übersetzen, um sie zu verstehen.

1 Verbinde jede Redewendung mit der passenden Bedeutung.

1 Lisa hat den Faden verloren.	Lisa ist müde und kann nicht mehr.
2 Lisa fällt mit der Tür ins Haus.	Lisa durchsucht etwas genau.
3 Lisa stellt das ganze Haus auf den Kopf.	Lisa hat vergessen, was sie sagen wollte.
4 Lisa schneidet Tim das Wort ab.	Lisa ist sehr glücklich.
5 Für Lisa hängt der Himmel voller Geigen.	Lisa sagt ohne Vorrede, was sie zu sagen hat.
6 Lisa bindet ihrer Schwester einen Bären auf.	Lisa lässt Tim nicht ausreden.
7 Lisa pfeift aus dem letzten Loch.	Lisa lügt ihre Schwester scherzhaft an.

2 Suche dir eine Redewendung aus und male dazu ein Bild auf ein Blatt.

8 Redewendungen verstehen und erklären

1 Entscheidet bei jeder Redewendung, was sie bedeutet.
Markiert die richtige Bedeutung.

Mir kommt die Galle hoch.

Ich bin wütend. | Mir ist schlecht.

Ich habe den richtigen Riecher.

Meine Nase ist genau richtig groß. | Ich habe eine Vorahnung.

Ich wickle dich um den kleinen Finger.

Ich besiege dich. | Ich beeinflusse dich.

Ich gehe mit dem Kopf durch die Wand.

Ich bin unvorsichtig und stoße mich. | Ich setze mich unnachgiebig durch.

Ich trage mein Herz auf der Zunge.

Ich spreche aus, was ich empfinde. | Ich habe starkes Herzklopfen.

2 Erkläre eine dieser beiden Redewendungen mit eigenen Worten.

Ich schnappe jemandem etwas vor der Nase weg. | Ich bin mit einem blauen Auge davongekommen.

Heft 1, S. 67 ②
...

3

8 Redewendungen mit Tieren verstehen und erklären

1 In jede Redewendung hat sich ein falsches Tier eingeschlichen. Schreibe alle Sprichwörter mit den richtigen Tieren auf.

Heft 1, S. 68 ①
Hunde, die bellen, beißen nicht.
...

Heuler, die bellen, beißen nicht. | Ein blindes **Entchen** findet auch einmal ein Korn. | zwei **Bienen** mit einer Klappe schlagen | jemandem einen **Wolf** aufbinden | **Hase** haben | besser der **Wurm** in der Hand als die Taube auf dem Dach | Ist die Katze aus dem Haus, tanzen die **Hunde** auf dem Tisch. | die **Schlange** im Sack kaufen | sich wie ein **Affe** im Porzellanladen benehmen | aus der **Ameise** einen Elefanten machen | Da ist der **Frosch** drin.

2 Wähle eine Redewendung.
Nimm dir ein quadratisches Blatt, knicke oben und unten einen Streifen um.
Schreibe in den oberen Streifen die Redewendung und in den unteren Streifen die Bedeutung.
Jetzt drehst du das Blatt um und malst die Redewendung auf.
Zeige einem anderen Kind das Bild.
Lass es die Redewendung erraten.

8 Mit Redewendungen Wort-Bilder gestalten

1 Markiere den **Stein** im Brett.

B R E T T B R E T T B R E T T B R E T T B R E T T B R E T T B R E T T
B R E T T B R E T T B R E T T B R E T T S T E I N B R E T T B R E T T
B R E T T B R E T T B R E T T B R E T T B R E T T B R E T T B R E T T
B R E T T B R E T T B R E T T B R E T T B R E T T B R E T T B R E T T

2 Ordnet die Redewendungen und deren Bedeutung den Wort-Bildern durch Nummerieren zu.

S U P P E S U P P E S U P P E
S U P P E S U P P E S U P P E
S U P P E H A A R S U P P E
S U P P E S U P P E S U P P E
S U P P E

H O S E H O S E
H O S E H O S E
H O S E H E R Z
H O S E H O S E
H O S E H O S E

S T A M M
S T A M M
S T A M M
S T A M M
S T A M M
S T A M M
S T A M M
S T A M M
S T A M M
A P F E L S T A M M

1 ein Haar in der Suppe finden

2 Das Herz rutscht in die Hose.

3 Jemand hat nur Stroh im Kopf.

4 Der Apfel fällt nicht weit vom Stamm.

- [ ] Kinder sind ihren Eltern ähnlich.
- [ ] immer das Schlechte sehen
- [ ] dumm sein
- [ ] plötzlich große Angst bekommen

3 Gestalte selbst ein Wort-Bild oder ein Bild zu einer Redewendung. Du kannst aus diesen Redewendungen eine auswählen und markieren.

- wie eine Made im Speck leben
- die Flinte ins Korn werfen
- Da liegt der Hase im Pfeffer.
- die Katze aus dem Sack lassen
- Jemandem ist eine Laus über die Leber gelaufen.
- eine Eselsbrücke bauen

8 Merksprüche kennen

1 Sammle Merksprüche.

2 Denkt euch einen eigenen Merkspruch für die Gitarrensaiten aus.

3 Suche dir den Merkspruch aus, mit dem du dir die Umstellung auf die Sommerzeit am besten merken kannst. Schreibe den Merkspruch ab.

Im Frühling stellt man die Gartenstühle **vor** das Haus, im Herbst stellt man sie **zurück** ins Haus.

Spring **forward**, fall **back**.

Gedanken zu meinem Lernen

Einsterns Schwester 4

Themenheft 1
Sprachgebrauch und Sprache untersuchen und reflektieren

Herausgegeben von: Roland Bauer, Jutta Maurach

Erarbeitet von: Annette Schumpp, Jutta Sorg

Fachliche Beratung exekutive Funktionen: Dr. Sabine Kubesch, INSTITUT BILDUNG plus, im Auftrag des ZNL TransferZentrum für Neurowissenschaften und Lernen, Ulm

Begutachtung: Katrin und Peter Bertram (Mühlenbeck), Maire Büntemeyer (Syke), Angelika Fischer (Weiterstadt), Claudia Hoeschen (Kappeln), Sybille Maier-Alvarez del Cid (Achern), Julia Schäfer (Gießen)

Redaktion: Martina Schramm, Sabine Gerber, Mirjam Löwen

Illustration: Yo Rühmer, Frankfurt am Main

Umschlaggestaltung: Cornelia Gründer, agentur corngreen, Leipzig

Layout und technische Umsetzung: lernsatz.de

fex

fex steht für *Förderung exekutiver Funktionen.* Hierbei werden neueste Erkenntnisse der kognitiven Neurowissenschaft zum spielerischen Training exekutiver Funktionen für die Praxis nutzbar gemacht. **fex** wurde vom **ZNL TransferZentrum für Neurowissenschaften und Lernen** (www.znl-ulm.de) an der Universität Ulm gemeinsam mit der **Wehrfritz GmbH** *(www.wehrfritz.com)* ins Leben gerufen. Der Cornelsen Verlag hat in Kooperation mit dem ZNL ein Konzept für die Förderung exekutiver Funktionen im Unterrichtswerk *Einsterns Schwester* entwickelt.

www.cornelsen.de

Aus didaktischen Gründen wurden Texte gekürzt/bearbeitet.

1. Auflage, 8. Druck 2023

Alle Drucke dieser Auflage sind inhaltlich unverändert
und können im Unterricht nebeneinander verwendet werden.

Druck: Athesiadruck GmbH

ISBN 978-3-06-081746-7 (Themenheft Verbrauchsmaterial)
ISBN 978-3-06-084247-6 (E-Book Einsterns Schwester 4 Verbrauchsmaterial)

Dieses Heft ist Bestandteil des Pakets „Einsterns Schwester 4“, Verbrauchsmaterial (ISBN 978-3-06-081740-5) und kann auch einzeln bestellt werden.

PEFC-zertifiziert
Dieses Produkt stammt aus nachhaltig bewirtschafteten Wäldern
PEFC
PEFC/18-31-166
www.pefc.de